海上絲綢之路基本文獻叢書

倭志

海國聞見録

〔明〕王世貞 撰／〔清〕陳倫炯 撰

文物出版社

圖書在版編目（CIP）數據

倭志 /（明）王世貞撰. 海國聞見録 /（清）陳倫炯撰. -- 北京 : 文物出版社, 2022.7
（海上絲綢之路基本文獻叢書）
ISBN 978-7-5010-7570-6

Ⅰ. ①倭… ②海… Ⅱ. ①王… ②陳… Ⅲ. ①中日關系—國際關係史—明代②地理學—文獻—中國—清代 Ⅳ. ① D829.313 ② K90-092

中國版本圖書館 CIP 數據核字（2022）第 086128 號

海上絲綢之路基本文獻叢書

倭志・海國聞見録

撰　　者：〔明〕王世貞　〔清〕陳倫炯
策　　劃：盛世博閱（北京）文化有限責任公司

封面設計：鞏榮彪
責任編輯：劉永海
責任印製：王　芳

出版發行：文物出版社
社　　址：北京市東城區東直門内北小街 2 號樓
郵　　編：100007
網　　址：http://www.wenwu.com
經　　銷：新華書店
印　　刷：北京旺都印務有限公司
開　　本：787mm×1092mm　1/16
印　　張：8.375
版　　次：2022 年 7 月第 1 版
印　　次：2022 年 7 月第 1 次印刷
書　　號：ISBN 978-7-5010-7570-6
定　　價：90.00 圓

總緒

海上絲綢之路，一般意義上是指從秦漢至鴉片戰爭前中國與世界進行政治、經濟、文化交流的海上通道，主要分爲經由黄海、東海的海路最終抵達日本列島及朝鮮半島的東海航綫和以徐聞、合浦、廣州、泉州爲起點通往東南亞及印度洋地區的南海航綫。

在中國古代文獻中，最早、最詳細記載『海上絲綢之路』航綫的是東漢班固的《漢書·地理志》，詳細記載了西漢黄門譯長率領應募者入海『齎黄金雜繒而往』之事，書中所出現的地理記載與東南亞地區相關，并與實際的地理狀况基本相符。

東漢後，中國進入魏晋南北朝長達三百多年的分裂割據時期，絲路上的交往也走向低谷。這一時期的絲路交往，以法顯的西行最爲著名。法顯作爲從陸路西行到印度，再由海路回國的第一人，根據親身經歷所寫的《佛國記》（又稱《法顯傳》）一書，詳細介紹了古代中亞和印度、巴基斯坦、斯里蘭卡等地的歷史及風土人情，是瞭解和研究海陸絲綢之路的珍貴歷史資料。

隨着隋唐的統一，中國經濟重心的南移，中國與西方交通以海路爲主，海上絲綢之路進入大發展時期。廣州成爲唐朝最大的海外貿易中心，朝廷設立市舶司，專門管理海外貿易。唐代著名的地理學家賈耽（七三〇～八〇五年）的《皇華四達記》記載了從廣州通往阿拉伯地區的海上交通『廣州通夷道』，詳述了從廣州港出發，經越南、馬來半島、蘇門答臘半島至印度、錫蘭，直至波斯灣沿岸各國的航綫及沿途地區的方位、名稱、島礁、山川、民俗等。譯經大師義净西行求法，將沿途見聞寫成著作《大唐西域求法高僧傳》，詳細記載了海上絲綢之路的發展變化，是我們瞭解絲綢之路不可多得的第一手資料。

宋代的造船技術和航海技術顯著提高，指南針廣泛應用於航海，中國商船的遠航能力大大提升。北宋徐兢的《宣和奉使高麗圖經》詳細記述了船舶製造、海洋地理和往來航綫，是研究宋代海外交通史、中朝友好關係史、中朝經濟文化交流史的重要文獻。南宋趙汝適《諸蕃志》記載，南海有五十三個國家和地區與南宋通商貿易，形成了通往日本、高麗、東南亞、印度、波斯、阿拉伯等地的『海上絲綢之路』。宋代爲了加强商貿往來，於北宋神宗元豐三年（一〇八〇年）頒佈了中國歷史上第一部海洋貿易管理條例《廣州市舶條法》，并稱爲宋代貿易管理的制度範本。

元朝在經濟上採用重商主義政策，鼓勵海外貿易，中國與歐洲的聯繫與交往非常頻繁，其中馬可·波羅、伊本·白圖泰等歐洲旅行家來到中國，留下了大量的旅行記，記録元代海上絲綢之路的盛况。元代的汪大淵兩次出海，撰寫出《島夷志略》一書，記録了二百多個國名和地名，其中不少首次見於中國著録，涉及的地理範圍東至菲律賓群島，西至非洲。這些都反映了元朝時中西經濟文化交流的豐富内容。

明、清政府先後多次實施海禁政策，海上絲綢之路的貿易逐漸衰落。但是從明永樂三年至明宣德八年的二十八年裏，鄭和率船隊七下西洋，先後到達的國家多達三十多個，在進行經貿交流的同時，也極大地促進了中外文化的交流，這些都詳見於《西洋蕃國志》《星槎勝覽》《瀛涯勝覽》等典籍中。

關於海上絲綢之路的文獻記述，除上述官員、學者、求法或傳教高僧以及旅行者的著作外，自《漢書》之後，歷代正史大都列有《地理志》《四夷傳》《西域傳》《外國傳》《蠻夷傳》《屬國傳》等篇章，加上唐宋以來衆多的典制類文獻、地方史志文獻，集中反映了歷代王朝對於周邊部族、政權以及西方世界的認識，都是關於海上絲綢之路的原始史料性文獻。

海上絲綢之路概念的形成，經歷了一個演變的過程。十九世紀七十年代德國地理學家費迪南·馮·李希霍芬（Ferdinad Von Richthofen，一八三三～一九〇五），在其《中國：親身旅行和研究成果》第三卷中首次把輸出中國絲綢的東西陸路稱爲『絲綢之路』。有『歐洲漢學泰斗』之稱的法國漢學家沙畹（Édouard Chavannes，一八六五～一九一八），在其一九〇三年著作的《西突厥史料》中提出『絲路有海陸兩道』，蘊涵了海上絲綢之路最初提法。迄今發現最早正式提出『海上絲綢之路』一詞的是日本考古學家三杉隆敏，他在一九六七年出版《中國瓷器之旅：探索海上的絲綢之路》中首次使用『海上絲綢之路』一詞；一九七九年三杉隆敏又出版了《海上絲綢之路》一書，其立意和出發點局限在東西方之間的陶瓷貿易與交流史。

二十世紀八十年代以來，在海外交通史研究中，『海上絲綢之路』一詞逐漸成爲中外學術界廣泛接受的概念。根據姚楠等人研究，饒宗頤先生是華人中最早提出『海上絲綢之路』的人，他的《海道之絲路與昆侖舶》正式提出『海上絲路』的稱謂。選堂先生評價海上絲綢之路是外交、貿易和文化交流作用的通道。此後，大陸學者馮蔚然在一九七八年編寫的《航運史話》中，使用『海上絲綢之路』一詞，這是迄今學界查到的中國大陸最早使用『海上絲綢之路』的人，更多地限於航海活動領域的考察。一九八〇年北京大學陳炎教授提出『海上絲綢之路』研究，并於一九八一年發表《略論海上絲綢之路》一文。他對海上絲綢之路的理解超越以往，且帶有濃厚的愛國主義思想。陳炎教授之後，從事研究海上絲綢之路的學者越來越多，尤其沿海港口城市向聯合國申請海上絲綢之路非物質文化遺産活動，將海上絲綢之路研究推向新高潮。另外，國家把建設『絲綢之路經濟帶』和『二十一世紀海上絲綢之路』作爲對外發展方針，將這一學術課題提升爲國家願景的高度，使海上絲綢之路形成超越學術進入政經層面的熱潮。

與海上絲綢之路學的萬千氣象相對應，海上絲綢之路文獻的整理工作仍顯滯後，遠遠跟不上突飛猛進的研究進展。二〇一八年厦門大學、中山大學等單位聯合發起『海上絲綢之路文獻集成』專案，尚在醖釀當中。我們不揣淺陋，深入調查，廣泛搜集，將有關海上絲綢之路的原始史料文獻和研究文獻，分爲風俗物産、雜史筆記、海防海事、典章檔案等六個類别，彙編成《海上絲綢之路歷史文化叢書》，於二〇二〇年影印出版。此輯面市以來，深受各大圖書館及相關研究者好評。爲讓更多的讀者親近古籍文獻，我們遴選出前編中的菁華，彙編成《海上絲綢之路基本文獻叢書》，以單行本影印出版，以饗讀者，以期爲讀者展現出一幅幅中外經濟文化交流的精美畫卷，爲海上絲綢之路的研究提供歷史借鑒，爲『二十一世紀海上絲綢之路』倡議構想的實踐做好歷史的詮釋和注脚，從而達到『以史爲鑒』『古爲今用』的目的。

凡例

一、本編注重史料的珍稀性，從《海上絲綢之路歷史文化叢書》中遴選出菁華，擬出版百册單行本。

二、本編所選之文獻，其編纂的年代下限至一九四九年。

三、本編排序無嚴格定式，所選之文獻篇幅以二百餘頁爲宜，以便讀者閱讀使用。

四、本編所選文獻，每種前皆注明版本、著者。

五、本編文獻皆爲影印，原始文本掃描之後經過修復處理，仍存原式，少數文獻由於原始底本欠佳，略有模糊之處，不影響閱讀使用。

六、本編原始底本非一時一地之出版物，原書裝幀、開本多有不同，本書彙編之後，統一爲十六開右翻本。

目録

倭志

倭志

一卷

〔明〕王世貞 撰

明抄本

倭志

鳳州王世貞撰

日本古倭奴國在大海中於閩浙為東北隅其國主以王為姓世世不易文武官僚亦然有五畿七道統郡至五百七十三然皆依水附嶼大者不過中國一村落而已戶可七萬餘課丁八十八萬三千有奇自元師討日本渚敗於水不得志日本亦絕不復來貢

高帝初遣使臣趙秩諭降之僧祖朝來貢方物十三年丞相胡惟庸謀叛令伏精兵貢艘中計以表裹挾上即不遂乘

風掠庫物而適會事露悉誅其卒而發僧使於陝西四川
、、著訓示後世絕不與通於是遣信國公湯和等沿
海規畫南直隸山東浙江福建廣東西咸置行都司以備
倭為名犬牟盤錯矣永樂初太監鄭和等齎賞諭諸海國
日本首先歸附詔厚賚之封其鎮山賜勘合百道與之期
期十年一貢無何三千人犯遼東為都督劉江所破殺無、
噍類自是歛跡不敢大為寇而小小抄盜亦不絕或其主
不知也其貢則恒多先期而至要以利中國給賚與互市
為利耳嘉靖初其主幼沖不能制群臣右京兆大夫高貢

使宋素卿貢亡何左京兆大夫内藝興遣宗設貢咸彊請勘合後先至寧波爭長不相下宗設衆盛於宋素卿遂攻敗之追北至紹興躪諸郡縣殺掠以千計都指揮劉錦及千百戶等官遇之皆死後以詔旨諭始肯聽徐徐解自是有輕中國心矣而中國亡命者多跳聚海衆爲舶主往來行賈閩浙之間又以財物役屬勇悍倭奴自衛而閩浙間奸商猾民覬覦其利厚私互市違禁器物咸托官豪庇引有司莫敢誰何黠者又取其責匿去莫與酬舶人怒則輒有所殺害而他船不爲商者又行剽掠海中漸彰聞

朝廷慮之乃特設閩浙巡撫開軍門聽以軍法從事而所用撫臣朱紈素潔廉然銳果壯往則日夜練兵甲嚴斜察數尋舶盜渊藪破誅之而又嚴根株通海者令迫急諸豪右咸惴惴重足立具仕宦貴臣相响紈不休竟以擅殺逮紈及置二司用事者於理紈恚自殺乃罷巡撫不復設而舶主土豪益自喜為奸益甚官司視以目莫之禁矣壬子賊始犯台州破黄巖象山諸邑議復設提督都御史用家嚴為之時沿海衛所軍久廢弛不習戰軍府草創財用殫屈家嚴於是益召募驍勇委良將申約束置諜其巢穴覆之

斬獲以千計於是移舟而南犯吳松郡二郡固都會素沃饒而其民愈怯弱賊至則咸壞散不支捆載而去所被攻剽郡邑爭以檄書上聞巡撫操江憲臣相繼罷而家嚴又以雲中急敗節鉞

天子數憂東南計用張經矣倭賊勇而戇不甚別生死每戰輒赤體提三尺刀舞而前無能捍者其魁則皆閩浙人善設伏能以寡擊衆反客主勞逸而用之此所以恒勝也大群數千人小群數百人比比蝟起而舶主推王直為最雄徐海次之又有毛海峯彭老不下十餘帥張經者南京兵

部尚書也朝計調二廣狼土兵討之而経舊嘗為彼總督有威惠経亦慷慨以平賊自負故用為大帥節制當天下半得以便宜行事開府辟召諸郎署叅佐中外忻忻謂賊旦夕盡矣然経素貴侈靡行事有承平風而諸特用大將何卿沈希儀等名位極老而驕新進之士又慓滑果往速退田州瓦氏及山東鎗手兵連戰敗去経望實稍稍損矣而侍郎趙文華出督察文華繇上疏行有所負挾顧指凌経而経以大臣自重出具工文華恚則疏連劾経謂其才足辦也特家閩避賊讐故嘆唶縱賊耳而會兵科亦有言

上怒甚趣使捕徵經〻則已聚兵大破賊於嘉興斬首二千
級溺水死者稱是兵科言宜留經以賊平自効不聽併巡
撫李天寵皆論死文華既以攘其功則奏趙巡按御史胡
宗憲代天寵督臣亦有更置由是中外文武惴〻重足立
憂不在倭矣文華俄還朝進太子太保工部尚書而宗憲
亦遂以兵部侍郎總督無何徐海入寇圍巡撫阮鶚躝浙
地告急疏上尚書趙文華請出督許之其進止機宜如張
經加重乃與宗憲誘徐海降而合兵擒捕平之徐海死進
文華少保宗憲亦遷右都御史又明年獲王直王直者故

徽人也以事走海上後為舶主頗尚信有盜道雖夷主亦愛服之而其姓名常借他舶以是凡有入掠者皆云直主之蹤跡詭秘未可知也宗憲亦徽人乃以金帛厚賄誘之云若降吾以若為都督置司海上通互市而直亦自詹言必能肅清海波贖死命宗憲與之誓甚苦直信之從入杭州宗憲具狀上聞然不敢悉其故廷議以直元兇不可赦棄市宗憲亦得加太子太保餘還賞有差然其衆無歸者而寇復犯淮揚不利連犯吳越巢閩中首尾七八歲間所破城十餘掠子女財物數百千萬官軍吏民戰及俘死者

不下數十萬雖時有勝負難不相當而轉漕軍食橫賞賜乾沒入槖中者以鉅萬計天下騷動東南髓膏竭矣胡松著海圖說曰始倭之通中國也實自遼東今乃從南道浮海率自温州寧波以入風東北汛自彼來此約可四五日程蓋其去遼甚遠而去閩浙甚通若盡其國界則東西也長行可四五月南北也短行三月而皆極於海其西北至高麗也必由對馬島開洋順風僅一日二日南至琉球也必由薩摩州開洋順風七日其貢使之來必由博多開洋歷五島而入中國以造舟水手俱在博多故也貢舶回則

經收長門以抽分司官在也若其入寇則隨風所之東北風猛則由薩摩或五島至大小琉球而仍視風之變遷北多則犯廣東；多則犯福建若正南風猛則必由五島歷天堂宮而視之变遷東北多則至烏沙門分䑸或至韭山海閘門而犯温州或由舟山之南而犯定海犯象山奉化犯昌國犯台州正東風多則至李西嶴壁下陳錢分䑸或由洋山之南而犯臨觀犯錢塘或由洋山之北而犯青村南滙犯太倉或過南沙而入大江若在大洋而風欵東南也則犯淮揚登萊若在五島開洋而南風方猛則趨遼陽

天津大抵倭船之來恒在清明之後前乎此風候不常难準定清明後方多東北風且積久不變過五月風自南来不利於行矣重陽後風亦有東北者過十月風自西北來亦非所利故防海者以三四五月為大汛九十月為小汛其停椗之處焚刼之權雖曰在倭而其帆檣所向一視乎風實有天意有備者率勝前此入寇者多薩摩肥後長門三州之人其次則大隅筑前筑後博多日向攝摩津州紀伊種島而豐前豐後和泉之人亦間有之蓋曰商於薩摩而附行者蓋日本之民有貧有富有淑有慝富而淋者或

附貢船或因商船而來其在逸船率皆貧而悪且山城君號令久不行於諸島而山口豐後出雲又各專一軍相吞噬今惟豐後膣頗併肥前等六島而有之山口出雲俱以貪滅亡倭蓋無常尊定主矣

海國聞見録

海國聞見録

二卷

〔清〕陳倫炯　撰

清乾隆刻本

聞見錄序

我

國家

歷聖相承德洋恩溥版圖

所屆極地際天盖自夐古以来未有若斯之遠且大者也欽其海防自塞外以迄幽冀齊魯吳越閩粤袤

延幾千萬里列鎮建
營星羅棋布兼有額
設戰艦今員遊巡海
洋機宜亦既謹嚴詳
備當時所謂遊魂伏

莽久已蕩焉泯焉於
無何有之鄉矣獨是
外洋諸番種類繁襍
山經海志之所不能
載齊諧諾臯之所不

能言使非懷文抱質
廣見博聞者爲之綴
緝成篇不幾爲吏乘
之未備歟同安資
翁陳老先生以閩南

貴冑少侍
禁廷余時即同廁班聯頗
相莫逆追余秉鉞兩
江而先生適爲崇明
狼山兩要鎮今余移

節閩浙先生又提督
甬東密邇海疆嚶鳴
有素遂出所爲聞見
録者屬余論定余乃
知是録也爲其

尊大人涉歷海洋窮極
幽遠自日出之國以
至窮沙極島凡身之
所經目之所覩無不
廣詢博諮熟悉端委

後以建績澎湖開鎮
百粤而先生於過庭
之日洞悉淵源故今
録中如各洋道里之
阻修分野之向背島

嶼之遠近番國之怪奇下至風俗人民物產節候無不詳加綜覈各極周詳倪如沙礁之險夷也使浮海

者知所避就萑苻之伏藏也使哨廵者知所追捕盖安邦靖匪之策手是乎在吾聞古来以著述世其業

者班則為彪固馬則
有談遷今先生是錄
得諸
尊人所授而又節鉞所
屆恙任海疆故能纘

承先志衣德紹聞至
所云志
聖祖仁皇帝暨先人之教
於不忘則是録也益
可以見先生忠孝之

大節豈與夫班馬諸
人徒以文字垂穀而
已若余尸素海濱洿
蹄未涉披展之下不
免望洋而歎也夫

時
乾隆九年歲次甲子
夏月閩浙制使洪科
第那蘇圖拜譔

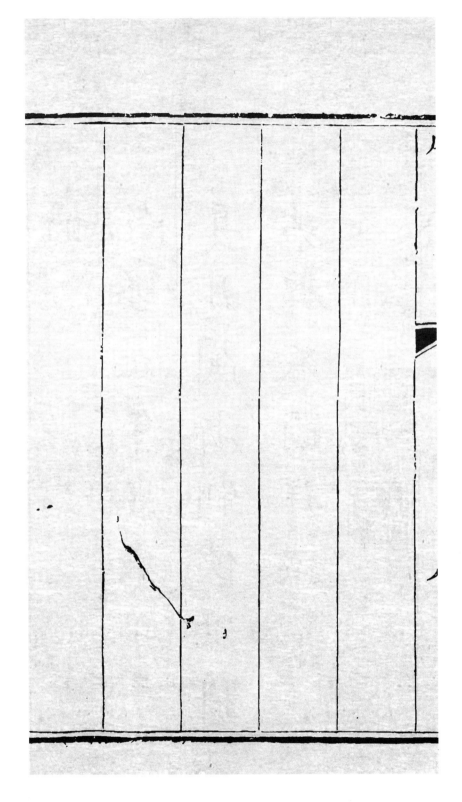

海國聞見錄序

九州之大環以裨海混茫際天冥晦莫測周禮職方𩇕載地域廣輪土會名物而於海則闕如焉非以蓬島滄溟固難尋其涯涘歟我

國家幅員廣大臺灣亦臣服內
郡海島承順纖塵不驚往來
帆船咸得占風而至不有紀
載曷以揚厲昇平天挺偉人
雄才世濟惟
資齋陳公足當之公自幼從

贈公宦遊熟聞海洋形勢識記

倍萬人自建績澎湖開鎮百

粤比今提督甬東皆密邇海

疆任東南鎖鑰之寄因出其

海國聞見録眎予其形勢則

起遼左達登萊下迫江浙閩

廣其方隅則由東洋東南洋南洋下迨大小西洋其所見聞異詞如鳴鐘爲日苗隨水長光恠陸離莫知紀極凡山川之阨塞島嶼之縈紆道里之遠近以及人物風土之奇

異如聚米畫沙一筆之於
書繪之爲圖噫是編也豈徒
備職方之所未載將使服官
海邦者籌防禦而警寇掠商
賈之往來海上者亦得涉險
而無虞於以佐

聖朝清晏之澤於無垠厥功偉哉

昔詩之美名公曰于疆于理

至於南海而勉之以肇敏戎

公且錫以圭瓚秬鬯使祀其

先祖而終之以對揚王休惟

公荷

三朝厚恩懋建勲績又能謹誌
贈公之教於不忘篤棐之忠繼
述之孝一身兼之宜乎耀美
旂常垂輝金石也若徒美紀
載之綜覈是猶不免蠡測之
見也夫

乾隆九年歲次甲子仲冬月
長洲弟彭啟豐拜題

海國聞見録序

乾坤闔闢以來海爲大海者
晦也言其茫遠冥昧聞見昧
惑也鄒子云所謂中國者天
下八十一分之一有裨海環之
又有大瀛海環之聞見爲難

陳白沙云今之四海非海也凡
地下皆水也乃水之溢出地者聞
見猶易嗟乎由二公之言觀之聞
見難耶易耶吾閩忠於君者
必能盡其職爲職任海濱測量
辰之分野占氣候之遲速辨

飲食言語之不同察島嶼洲渚
之名異非如象圖之索珠狼臙
之覼縷則其言卓乎可傳矣哉
皇上四海一家九有截服欽
聖聖之相承丕無外之基業萬國衣冠
並琉球畢至所以頌昇平而請海

氣者百餘年矣其間水陸要隘
軍容嚴整慶得人於師中寔
股肱於要地
皇圖有磐石之安金甌無缺之慮
焉同安
資齋陳公以宇營雄才出滿其

美開閫崇明移節甬上為全浙
金湯之倚與余同守海邦縱言
防海之略輒口講指畫支援要隘
百餘所若燭照數計洞徹無殊於
指螺掌壑嘗下可信知其經臨
淮浚非一日矣越時郵寄海國

三

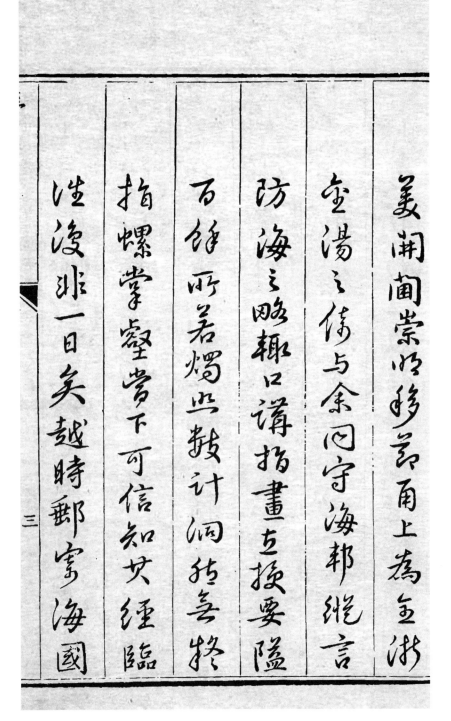

聞見録二冊示余披其圖繪註
説如覽十洲記如讀山海經前
明纂海圖編紀效新書遜其
經畫餘不望洋而驚向若而
歎耶綜其本末蓋由
贈公官浙江及移粵鎮皆酷嗜圖

諮及洋夷舶師濱海黨類之老
曾知海事者必詳詢而備誌之
公復益以見聞裒録成集此手
澤之所以長新而
公之豐功懋績亦因之不朽矣
廼亟壽之梓上以佐

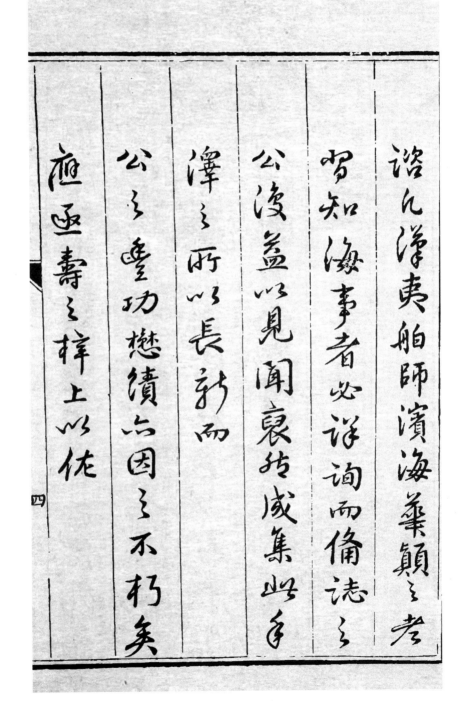

廟算下以惕寅恭有裨於經濟之
學不其偉歟是為序
乾隆八年歲在癸亥嘉平月
納蘭第常安拜題

序

先公少孤貧廢書學賈往來外洋見老於操舟者僅知針盤風信叩以形勢則茫然間有能道一二事實者而理莫能明先公所至必察其面勢辨其風潮觸目會心有非學力所能造者康熙壬戌

聖祖仁皇帝命征澎臺遣靖海侯施公琅提
督諸軍旁求習於海道者先公進見
聚米爲山指畫形勢定計候南風以
入澎湖遂藉
神策廟算應時戡定又奉施將軍令出入東
西洋招訪鄭氏有無遁匿遺人凡五
載叙功授職再遷至碣石總兵擢廣

東副都統皆濱海地也倫炯蒙
先帝殊恩得充侍衛親加教育示以沿海外
國全圖康熙六十年
特授臺灣南路叅將
皇上嗣位蒙
恩遷澎湖副將移臺灣水師副將卽
擢授臺灣總兵移鎮高雷廉又皆濱海地

也倫烱自爲童子時先公於島沙澳阻盜賊出沒之地輙諄諄然告之少長從先公宦浙聞日本風景佳勝且欲周諮明季擾亂閩浙江南情實庚寅夏親遊其地及移鎮高雷廉壤接交阯日見西洋諸部估客詢其國俗考其圖籍合諸

先帝所圖示指畫毫髮不爽乃按中國沿海形勢外洋諸國疆域相錯人風物產商賈貿遷之所備爲圖誌葢所以志聖祖仁皇帝曁先公之教於不忘又使任海疆者知防禦搜捕之扼塞經商者知備風潮警寇掠亦所以廣我皇上保民恤商之德意也

雍正八年歲次庚戌仲冬望日

同安陳倫炯謹誌

海國聞見錄目次

上卷

天下沿海形勢錄

天下沿海形勢從京師天津東向遼海鐵山黃城皮島外對朝鮮左延東北山海關寧遠蓋平復州金州旅順口鴨綠江而抵高麗右袤東南山東之利津清河蒲臺壽光海倉口登州而至廟島成山衛登州與旅順口南北隔海對峙東懸皮島西匝兩京登萊是爲遼海登州一郡陡出東海盡於成山衛海船往盛京天津者以成山爲標準也成山衛轉西南則靖海大嵩萊陽鰲山靈山而至江南海州此皆登州西南之海也海州而下廟灣而上則黃河出海之口河濁海清沙泥入海則沉實支條縷

結東向洋長潮滿則沒潮汐或淺或沉名曰五條沙中間潑處呼曰沙行江南之沙船往山東者恃沙行以寄泊船因底平少閣無碍閩船到此則魄散魂飛底圓加以龍骨三段架接高昂閣沙播浪則碎折更兼江浙海潮外無藩扞屏山以緩水勢東向澎湃故潮汐之流比他省爲最急乏西風開避舟隨溜閣者不爲壞是以海船往山東兩京必從盡山對東開一日夜避過其沙方敢北向是以登萊淮海稍寬海防者職由五條沙爲之保障也廟灣南自如皋通州而至洋子江口內狼山外崇明鎖鑰長江沙坂急潮其概相似而崇明上鎖長江下扼吳淞東有

洋山馬蹟花腦陳錢諸山。接連浙之寧波定海外島。而嘉興之乍浦錢塘之鱉子。餘姚之後。海寧波之鎮海。雖沿海相聯要疆。但外有定海爲之扞衛。實內海之堂奧也。惟乍浦一處。濱於大海。東達漁山。北達江南之洋山。定海之衢山。劍山。外則汪洋。言海防者。當留意焉。江浙外海以馬蹟爲界。山北屬江。山南屬浙。而陳錢外。在東北。俗呼盡山。山大澳廣。可泊舟百餘艘。山產水仙。海產淡菜。蚌屬海鹽。小魚賊舟每多寄泊。江浙水師更當加意於此。南之海島。由衢山岱山而至定海。東南由劍山長塗而至普陀。普陀直東之外。出洛迦門。有東霍山。夏月賊舟亦可寄結束向汗長潮滿則没潮汐或淺或沉名曰五條沙中間深處呼曰沙行江南之沙船往山東者恃沙行以寄泊船因底平少閣無礙閩船到此則魄散魂飛底圓加以龍骨三段架接高昂閣沙播浪則碎折更兼江浙海潮外無藩扞屏山以緩水勢東向澎湃故潮汐之流比他省爲最急之西風閙避舟隨溜閣靡不爲壞是以海船往山東兩京必從盡山對東開一日夜避過其沙方敢北向是以登萊淮海稍寬海防者職由五條沙爲之保障也廟灣南自如皋通州而至洋子江口內狼山外崇明鎖鑰長江沙坂急潮其概相似而崇明上鎖長江下扼吳淞東有

洋山馬蹟花腦陳錢諸山。接連浙之寧波定海外島。而嘉興之乍浦錢塘之鱉子。餘姚之後海。寧波之鎮海。雖沿海相聯要疆。但外有定海爲之扞衛。實內海之堂奥也。惟乍浦一處。濱於大海。東達漁山。北達江南之洋山。定海之衢山。劔山。外則汪洋。言海防者當留意焉。江浙外海以馬蹟爲界。山北屬江。山南屬浙。而陳錢外在東北。俗呼盡山。山大澳廣。可泊舟百餘艘。山産水仙。海産淡菜。蚌屬海鹽。小魚賊舟每多寄泊。江浙水師更當加意於此。南之海島。由衢山岱山而至定海。東南由劔山長塗而至普陀。普陀直東之外。出洛迦門。有東霍山。夏月賊舟亦可寄泊。伺劫洋船回棹。且與盡山南北爲犄角。山腳水深。非加長椗纜。不足以寄。普陀之南。自崎頭至昌國衛。接聯內地。外有韭山吊邦。亦賊艘寄泊之所。此皆寧波郡屬。自寧波台州黃巖沿海而下。內有佛頭桃渚崧門楚門。外有茶盤牛頭積穀黨菀石塘枝山大鹿小鹿。在在皆賊艘出沒經由之區。南接樂淸溫州瑞安金鄉蒲門。此溫屬之內海。樂清東峙玉環。外有三盤鳳凰北屺南屺。而至北關。以及閩海接界之南關。實溫台內外海逕寄泊樵汲之區。不可忽也。閩之海。內自沙埕南鎮烽火三沙斗米北茭定海五虎而至閩安。外自南關大嵛小嵛閭山芙蓉北竿塘南竿塘東永而至白犬為福寧福州外護左翼之藩籬南自長樂之梅花鎮東萬安為右臂外自磁澳而至草嶼中隔石牌洋外環海壇大島閩安雖為閩省水口咽喉海壇實為閩省右翼之扼要也由福清之萬安南視平海內廬海套是為興化外有南日湄洲再外烏坵海壇所當留意者東北有東永東南有烏坵猶浙之南杞北杞積穀弔邦韭山東霍衢山江之馬蹟盡山是也泉州北崇武獺窟南祥芝永寧左右拱抱內藏郡治下接金廈二島以達漳州金為泉郡之下臂廈為漳郡之咽喉漳由太武而南鎮海六鰲古雷銅山懸鐘在在可以寄泊而至南

澳。以分閩粵。泉漳之東。外有澎湖。島三十有六。而要在媽宮西嶼頭北港八罩四澳。北風可以泊舟。若南風不但有山有嶼可以寄泊。而平風靜浪。黑溝白洋皆可暫寄。以俟潮流。洋大而山低。水急而流迴。北之吉貝沉礁一線。直生東北。一目未了。內皆暗礁佈滿。僅存一港蜿蜒。非熟習深諳者。不敢棹至。南有大嶼花嶼、猫嶼。北風不可寄泊。南風時宜巡緝。澎湖之東。則臺灣。北自鷄籠山對峙福州之白犬洋。南自沙馬崎對峙漳之銅山。延綿二千八百里。西面一片沃野。自海至山。淺濶相均約百里。西東穿山至海約四五百里。崇山疊嶂。野番類聚。建一郡分四縣。

山川形勢。生熟番性。蜂窠蟻穴。誌考備載。郡治南抱七崑身。而至安平鎮大港。隔港沙洲直北至鹿耳門。鹿耳門隔港之大線頭沙洲。而至隙仔海翁隙。背西護府治。而港之可以出入巨艘。惟鹿耳門。與雞籠淡水港。其餘港汊雖多。大船不能出入。僅平底之澎船。四五百石之三板頭船。堪以出進。此亦海外形勢以扞內地沿海要疆。南澳東懸海島。扞衛漳之詔安潮之黃岡澄海。閩粵海洋適中之要隘。外有小島三。爲北澎中澎南澎。俗呼爲三澎。南風賊艘經由暫寄之所。內自黃岡大澳而至澄海放雞廣澳錢澳靖海赤澳。此雖潮郡支山入海。實爲潮郡賊艘出

沒之區。晨遠颺於外洋。以伺掠。夜西向於島澳以偷泊。而海賊
之尤甚者。多潮產也。赤澳一洋。自甲子南至淺澳田尾遮浪汕
尾甑門港大星平海。雖屬惠州。而山川人性與潮無異。故於居
中碣石立大鎮。下至大鵬佛堂門將軍澳紅香爐急水門。虎
門而入粵省。外自小星筆管沱濘福建頭大嶼山小嶼山伶仃
山旗纛嶼九州洋而至老萬島嶼。不可勝數。處處可以樵汲。在
在可以灣泊。粵之賊艘。不但艚艍海舶。此處可以伺劫。而內河
槳船櫓船漁艇皆可出海。群聚剽掠。粵海之藏垢納污者。莫此
爲甚。廣省左扞虎門。右扼香山。而香山雖外護順德新會。實爲

省會之要地。不但外海捕盜。內河緝賊。港汊四通。奸匪殊甚。且其域澳門。外防番船。與虎門爲犄角。有心者豈可泛視哉。外出十字門而至魯萬。此洋艘番船來往經由之標準。下接崖門三竈大金小金烏猪上川下川。戙船澳馬鞍山。此肇屬廣海陽江雙魚之外護也。高郡之電白。外有大小放鷄。吳川外有硇州。下鄰雷州白鴿錦囊。南至海安。自放鷄而南。至於海安。中懸硇州暗礁暗沙。難以悉載。非深諳者。莫敢內行。而高郡地方。實藉沙礁之庇也。雷州一郡。自遂溪海康徐聞向南。斡出四百餘里。而至海安。三面瀕海。幅潤百里。對峙瓊州。渡海百二十里。自海安繞西北至合浦欽州防城而及交阯之江平萬寧州。延長一千七百里。故海安下廉州。船宜南風。上宜北風。自廉之冠頭嶺而東。白龍調埠川江永安山口。烏兎處處沉沙難以名載。自冠頭嶺而西。至於防城。有龍門七十二逕。逕逕相通。逕者島門也。通者水道也。以其島嶼懸雜。而水道皆通。廉多沙。欽多島。地以華夷爲限。而又産明珠不入於交阯。是以亭建海角於廉。天涯於欽。瓊州屹立海中。地從海安渡脉。南崖州。東萬州。西儋州。北瓊州。與海安對峙。瓊山文昌樂會陵水感恩臨高定安澄邁。沿海諸州縣。環繞熟黎。而熟黎環繞生黎。而生黎環繞五指嶺。七指山。五指西向。七指南向。周圍陸路一千五百三十里。府城中路直穿黎心至崖州五百五十五里。萬州東路直穿黎心至儋州。五百九十里。自海口港之東路沿海惟文昌之潭門港樂會之新潭。那樂港。萬州之東澳。陵水之黎菴港。崖州之大蛋港。西路沿海惟澄邁之馬裊港。儋州之新英港。昌化之新潮港。感恩之北黎港。可以灣泊船隻。其餘港汊雖多。不能寄泊。而沿海沉沙。行舟實爲艱險。內山生黎。嵐瘴殊甚。吾人可任熟黎。而不可任生黎。生黎可任熟黎。而不可到吾地。熟黎夾介其間。以水土習宜故也。此亦海外稍次之臺灣。惜平田疇不廣。歲仰需於高雷雖產楠沉諸香。等於廣南。甲於諸番。又非臺灣沃野千里所可比擬也。

東洋記

天地之大。何物不容。輕清之氣。包涵萬類。星辰日月亦有所不及。而聖人測理備至。定四方。製指南。分二十四籌。由近之遠。莫出範圍。啟後世愚蒙。識萬國九州。然而九州之外又有九州。謹按四方外國地方海道人物風土。粗據所見聞而畧誌之。俾後之君子有所採擇。朝鮮居天地之艮方。聯盛京。對天津。古箕子地。分郡縣。幅員里道。朝貢經由歷代史典與圖。備紀無容動說。其南隔一洋。日本國屬之對馬島。順風一夜可抵。明關白為亂者是也。自對馬島而南。寅甲卯東方一帶七十二島。皆日本倭奴之地而與中國通貿易者惟長崎一島長崎產乏粟菽難供食指開貿易入公家通計終歲所獲利就長崎按戶口均分國王居長崎之東北陸程近一月地名彌耶穀譯曰京受封漢朝王服中國冠裳國習中華文字讀以倭音予奪之權軍國政事柄於上將軍王不干預僅食俸米受山海貢獻上將軍有時朝見而已易代爭奪不爭王而爭上將軍倭人記載自開國以來世守爲王昔時上將軍簒奪之山海應貢之物不產五穀不登陰陽不順退居臣位然後順若如故至今無敢妄冀者官皆世官世祿遵漢制以刺史千石爲名祿厚足以養廉故少犯法

郎如年僉舉一街官街官者鄉保也歲給膳養五十金事簡而閑通文藝者爲高士優以禮免以徭俗尚淨潔街衢時爲拭滌夫妻不共湯羹飲餘婢僕尚棄之富者履坐絮薦貧者履坐薦薦名曰毯踏棉各家計攤毯踏棉之多寡爲戶口男女衣服大領濶袖女加長以曳地畫染花卉文采襯用帛幅裹繞足著短襪以曳履男束帶以插刀髠鬚而薙頂額留鬢髮至後枕濶寸餘向後一挽而繫結髮長者修之女不施脂而傅粉不帶鮮花剪綵簪珥而插玳瑁綠髮如雲日加滌洗薰灼楠沉髻挽前後爪甲無痕惟恐納垢至於男女肴目肌理不敢比勝中華亦非

諸番所能比擬實東方精華之氣所萃人皆覆姓其單姓者徐福配合之童男女也徐福所居之地名曰徐家村其塚在熊指山下其國男子年五十餘陽多痿奴者儂也故呼之曰倭奴俗尊佛尚中國僧敬祖先時掃墳廬得香花佳果非敬佛僧則上祖墳人輕生有犯法者事覺向荒山割肚自殺無累他人立法威嚴人無爭鬬語言寂寂呼童僕鳴掌則然諾無售買人口傭工期滿即歸所統屬國二北對馬島與朝鮮爲界朝鮮貢於對馬而對馬貢於日本南薩峒馬與琉球爲界琉球貢於薩峒馬而薩峒馬貢於日本二島之王俱聽指揮氣候與山東江浙齊

長崎與普陀東西對峙。水程四十更。厦門至長崎七十二更。北風從五島門進。南風從天堂門進。對馬島坐向登州。薩峒馬坐向温台。地產金銀銅漆器磁器紙箋花卉染印海產龍涎香鰒魚海參作蔬等類。薩峒馬山高巉巖。溪深水寒。故刀最利。兼又產馬。人壯健。嘉靖間倭寇者。薩峒馬是也。日本原市舶。永嘉因倭之漁者十八人。被風入中國。奸人引之為亂。髡鬢雉額。雜以遠處土語。遁相擄掠。群稱倭奴。後平囘國。僅十八人。王正以法。隨禁市舶。中國聽我彼往。至今無敢來者。倭截十八奇士。普陀往長崎。雖東西正向。直取而渡。橫洋風浪巨險。諺云。日本好貨五島難過。廈門往長崎。乘南風。見臺灣鷄籠山。北至米糠洋。香蕈洋。再見薩峒馬大山。天堂方合正針。糠蕈二洋者。洋中水面若糠粃水泡。若蕈菌。呼之爲米糠洋。香蕈洋。薩峒馬而南。爲琉球也。居於乙方。計水程六十八更。中山國是也。習中國字。人弱而國貧。產銅器紙螺甸玳瑁。無可交易。其衣冠人物。貢由福州入。熟習見。故不詳載。自日本琉球而東。水皆東流。莊子所謂尾閭洩之。不知何時已。而不虛也。

東南洋記

東南諸洋自臺灣而南。臺灣居辰巽方。北自雞籠山至南沙馬崎。延袤二千八百里。與福興泉漳對峙。隔澎湖水程四更。隔廈門水程十有一更。西面一帶沃野。東面俯臨大海。附近輸賦應徭者名曰平埔土番。其山重疊。野番穴處。難以種數。捕鹿而食。薯芋爲糧。不知年歲。以黍熟釀酒合歡爲年。性好殺。以人顱爲寶。文身黑齒。種種不一。晨聽鳥音以卜行事吉凶。男女野合成耦。迨崇禎間爲紅毛荷蘭人所據。就安平大港建砲臺城三層。以防海口。教習土番耕作。令學西洋文字。取鹿皮以通日本。役使勞瘁沓不聊生鄭芝龍背鯨鯢海上娶倭婦翁氏生成功隨帶數十倭奴聚泊臺灣視海外荒島不足以有爲仍寇江浙閩粵因囑其子曰倘不可爲臺灣有如虯髯之安及鄭成功寇鎮江敗歸阻守金廈始謀取臺灣會荷蘭之通事何斌逋負鉤鹿耳門知港路深淺說成功聯檣並進荷蘭嚴守安平大港成功從鹿耳門進水漲三丈餘入據臺灣與荷蘭相持甚久因諭之曰臺灣係我先王所有垷存倭人爲你等所據今還我地資貨無染荷蘭悉衆而去至康熙二十二年鄭克塽歸順方入版圖以承天府爲臺灣府天興州爲諸羅縣萬年州爲臺灣鳳山

二縣。雍正二年。分諸羅北之半。爲彰化縣。鳳山沙馬崎之東南有呂宋。居巽方。厦門水程七十二更。北面高山一帶遠視若鋸齒。俗名宰牛坑。山有土番。屬於呂宋。與沙馬崎西北東南遠拱。中有數島。惟一島與臺灣稍近者。名曰紅頭嶼。有土番居住。無舟楫往來。語言不通。食薯芋海族之類。產沙金。臺灣曾有舟到其處。呂宋大山。北從宰牛坑延繞東南。昔爲大西洋干絲臘是班呀所據。地宜粟米。長者五六分。漳泉人耕種營運者甚盛。年輸丁票銀五六金。方許居住。經商。惟守一隅。四方分定。不許越界。廣納丁票。聽憑貿易。東南洋諸番。惟呂宋最盛。因大西洋

干絲臘是班呀番舶運銀到此交易。絲綢布帛百貨盡消。島番
土產雲集。西洋立教。建城池聚夷族。地原係呂宋土番。今爲據
轄。漢人娶本地土番婦者。必入其教。禮天主堂。用油水畫十字
於印堂。名曰澆水。焚父母神主。老終。歸天主堂。挖坑土親膚而
埋。富者納貲較多。寡埋堂上。基內。貧者埋墻外。三年一清。棄骸
骨於深澗。所有家貲。明於公堂。天主妻子作三股均分。其蠱殊
甚。能傳女而不傳子。即如牛皮火腿。咒法縮小如沙。令人食而
脹斃。又有蝦蟆魚鼈之類。彼能咒解。從口躍出成盆。禁龍鴉父
子兄弟亦不得共寢蓆。夜啟戶聽彼稽察。拭床蓆驗有兩温氣

者。捕以買罰。晨鳴鐘爲日。方許開市肆經營。午鳴鐘爲夜。闔市寂閉不敢往來。昏鳴鐘爲日。燈燭輝煌如晝營生。夜半鳴鐘爲夜以閉市肆。晝夜各以三時辰爲日爲夜。傍午捉夜禁闔地皆鬼市。下接利仔戞。水程十二更。至甘馬力水程二十一更。二處漢人從呂宋舟楫往彼貿易。利仔戞之東南隔海對峙有五島。班愛。惡黨。宿務。猫務烟。網巾礁腦。中國俱有洋艘往通。均係土番族類。山海所產與呂宋同。如鹿麂牛皮筋脯蘇木烏木降香束香黃蠟燕窩海參等類。水程必由呂宋之利仔戞海而南。呂宋至班愛十更。至惡黨二十三更。至宿務二十四更。至網巾礁艢五十八更。人愚罔有知識。家無所蓄。需中國布帛以蔽身。國各有王。惟謹守國土。其東南又有萬老高。丁機宜。二國居於巳方。國土人物産類相似。水程呂宋至萬老高一百七十四更。至丁機宜二百一十更。由呂宋正南而視。有一大山。總名無來由息力大山。山之東爲蘓祿。從古未奉朝貢。雍正戊申六年。至闕貢獻。西隣吉里問。又沿西文萊。即古婆羅國。再繞西朱葛礁喇。大山之正南爲馬神。其山之廣大長短莫能度測。山中人跡所不到。産野獸亦莫能名其狀。蘓祿。吉里問。文萊。三國皆從呂宋之南分籌。而朱葛礁喇必從粤南之七洲洋。過崑崙。茶盤。向東而至朱葛礁喇。一百八十八更。馬神亦從茶盤噶喇吧而往。水程三百四十更。廈門由呂宋至蘊祿。水程不過一百一十更。共在一山。南北遠近相去懸殊矣。又隔東海一帶爲苡佳虱大山。由馬神至苡佳虱。水程二十七更。復繞而之東。即係丁機宜東北係萬老高。而蘊祿。吉里問。文萊。朱葛礁喇。總名皆爲無來由繞阿番性。喜銅鉦。器皿皆銅。沿溪箬屋爲居。俗甚陋。身不離刃。精於標槍。見血即斃。以采色布帛成幅衣身。經商其地。往來乘莽甲。即小舟。夥從持利器相隨。產珍珠冰片玳瑁海參燕窩烏木降香海菜藤等類。而馬神番性相似。人尤狡獪。紅毛人曾據其港口。欲佔其地。番畏火礮莫敢敵。入山以避。用毒草浸洗上流。使其受毒而自去。產鋼鑽胡椒檀香降香科藤豆蔻冰片鉛錫燕窩翠羽海參等類。鑽有五色。金黑紅者爲貴。置之暮夜密室。光能透徹。投之爛泥汚中。上幔青布。其光透出。各番以爲首寶。大如棋子。値價十萬餘兩。西洋人購之爲至寶。呂宋至吉里問三十九更。至文萊。四十二更。此皆東南洋番國。而朱葛礁喇。馬神。非從呂宋水程。應入南洋各國。因同蘇祿。文萊。南北大山。是以附載東南洋。俾覽者識其形勢焉。

南洋記

南洋諸國以中國偏東形勢用針取向俱在丁未之間合天地包涵大西洋按二十四盤分之即在巽巳矣就安南接聯中國而言海接廉州山繞西北而環南直至占城形似半月名曰廣南灣秦象郡漢交阯唐交州宋安南明交阯陸接兩粤雲南風土人物史典備載後以淳化新州廣義占城謂廣南因舅甥委守淳化隨據馬龍角砲臺北隔一水與交阯砲臺爲界自淳化而南至占城爲廣南國亦稱安南王阮姓本中國人氏古日南郡產金楠沉諸香鉛錫桂皮象牙綾絹燕窩魚翅赤菜糖與交

阯相類。以交阯爲東京。廣南爲西京。強於交阯。南轄祿賴。東埔寨。崑大嗎。西南鄰暹羅。西北接緬甸。栽莿竹爲城。人善沒。紅毛甲板。風水不順。溜入廣南灣內者。國遣小舟數百。人背竹筒。攜絲纜。沒水寄釘細纜於甲板船底。遠纜牽洩。船以淺閣。火焚而取其輜重。今紅毛甲板。以不見廣南山爲戒。見則主駕舟者曰移長國有常刑。廈門至廣南。由南澳見廣之魯萬山。瓊之大洲頭。過七州洋。取廣南外之咕嗶囉山。而至廣南。計水程七十二更。交阯由七州西。繞北而進。廈門至交阯水程七十四更。七州洋在瓊島萬州之東南。凡往南洋者。必經之所。中國洋艘。不比西洋呷板。用混天儀。量天尺。較日所出。刻量時辰。離水分度。卽知爲某處。中國用羅經。刻漏沙。以風大小順逆。較更數。每更約水程六十里。風大而順。則倍累之。潮頂風逆。則減退之。亦知某處心尚懷疑。又應見某處遠山。分別上下山形。用繩駝探水深淺若干。駝底帶蠟油。以粘探沙泥。各各配合。方爲確準。獨於七州大洋。大洲頭而外。浩浩蕩蕩。罔有山形標識。風極順利。對針亦必六七日始能渡過。而見廣南咕嗶囉。外洋之外羅山。方有準繩。偏東則犯萬里長沙。千里石塘。偏西則恐溜入廣南灣。無西風不能外出。且商船非本赴廣南者。入其境。以爲天送來。稅

物倍加均分猶若不足比於紅毛人物兩空尚存中國大體所
謂差毫厘失千里也七州洋中有種神鳥狀似海雁而小喙尖
而紅脚短而綠尾帶一箭長二尺許名曰箭鳥船到洋中飛而
來示與人爲準呼是則飛而去間在疑似再呼細看决疑仍飛
而來獻紙謝神則翱翔不知其所之相傳王三寶下西洋呼鳥
插箭命在洋中爲記廣南沿山海至占城祿賴繞西而至東埔
寨厦門至占城水程一百更至東埔寨水程一百一十三更東
埔寨雖另自一國介在廣暹二國之間東貢廣南西貢暹羅稍
有不遜水陸各得並進而征之番係白頭無來由裸體居多以

布幅圍下身名曰水幔讀平聲地產鈆錫象牙翠毛孔雀洋布蘓木降香沉束諸香燕窩海菜籐自東埔寨大山繞至西南為暹羅由暹羅沿山海而南為斜仔六坤大哖丁葛奴彭亨山聯中國生向正南至此而止又沿海繞山之背過西與彭亨隔山而背坐為柔佛由柔佛而西為麻喇甲即丁葛奴之後山也由麻喇甲而西出於雲南天竺諸國之西南為小西洋戈什嗒暹羅沿山海而至柔佛諸國各皆有王均受暹羅國所轄古分羅暹二國後合為暹羅國俗崇佛王衣文彩佛像肉貼飛金用金叩陸乘象亭象輦舟駕龍鳳分官屬曰招誇以裸體跣足俯腰

蹲踞見尊貴不衣褌而圍水幔尊敬中國用漢人爲官屬理國政掌財賦城郭軒豁沿溪樓閣群居水多鱷魚從海口至國城溪長二千四百里水深濶容洋艘隨流出入通黃河支流夾岸大樹茂林猿猴采雀上下呼鳴番村錯落田疇饒廣農時國家棹舟耕種事畢而回無俟鋤芸穀熟仍棹收穫而歸頭藁長二丈許以爲入貢土物因播秧畢而黃河水至苗隨水以長水尺苗尺水丈苗丈無滂傷之患水退而稻熟矣幹河入中國勢猛而急支河入西域歸東埔寨暹羅以出海勢散而緩田疇藉以肥饒故產米之國石可三星俗語捕鹿枝頭牽牛上樓蓋鹿爲

水漂沒。閣息於樹梢。溪屋爲水汪浸。引牛於樓。人有被虎啖鱷吞者。告於番僧。僧咒拘而虎自至。咒擄綿紗於水而鱷自縛。剖而視之。形骸猶存。有受蠱者。向僧求咒則解。是以俗重佛教。富者卒。後葬以窣。即釋氏塔也。又有一種男女。名謂尸羅蠻。與人無異。但目無瞳子。人娶之亦生男女。夜眠魂變爲貍狗。率類向水厠。啗食糞穢。將明附魄。若熟睡翻覆其身。魂不得附歸。女爲經紀。人戲以酸柑擠汁喋之。眼淚長流而不可忍。人染痢者若不洗滌。夜爲尸羅蠻舐食。化作小物入穀道而食腸腹。故居暹之人。以近水搭厠。便於淨滌。又有一種共人。共者咒法名也。刀

刃不能傷王養以爲兵衛犯事應刑令番僧以咒勸化之使其
自退其法方與受刑國多祟魔相傳三寶到暹羅時番人稀少
鬼祟更多與三寶鬬法勝許居住一夜各成寺塔將明而三寶
之寺未及覆瓦視鬼之塔已成引風以側之用頭巾頂插花代
瓦幔覆今其塔尚側三寶寺毀今朽爛椋繩猶存於屋瓦洋艘
於篷頂桅上加一布帆以提吊船身輕快爲頭巾頂又於篷頭
之傍加一布帆以乘風力船無欹側而加快爲插花番病每向
三寶求藥無以濟施藥投之溪令其水浴至今番唐人尚以浴
溪澆水爲治病外洋諸番以漢人呼唐人因唐時始通故也番

俗死後焚而後葬。為消除罪孽。又一種生前發願。死後悟問飼鳥飼魚者。悟問即捨身也。悟問鳥。置之山石之上。群鳥翔翔畢集。然後內一鳥紅嘴足先下而啄。群鳥集下。頃刻僅存髏骨收而埋之。悟問魚。焚化存灰。和麪作塊。投之溪。亦有先飼鳥後飼魚。兩者皆兼之矣。國造巨艦。載萬餘石。求桅木於深山大樹。先以咒語告求允許。方敢下斧。不則樹出鮮血。動手者立亾。用牛挽輦。沿途番戲以悅之。咒語以勸之。少有不順。則拔木而自回舊地。挽至廠所。其靈方息。產銀鉛錫洋布沉束象牙犀角烏木樵木氷片降香翠毛牛角鹿筋藤席佳文席藤黃大楓子豆蔻燕窩海參海菜以銀豆爲幣大者重四錢中者一錢次者五分小者二分五厘其名曰潑皆王鑄字號法不得剪碎零用找以海螺巴厦門至暹羅水程過七州洋見外羅山向南見玳瑁洲鴨洲見崑崙偏西見大眞嶼小眞嶼轉西北取筆架山向北至暹羅港口竹嶼一百八十八更入港又四十更共水程二百二十八更而東聯東埔寨僅水程一百十三更何以相去甚遠蓋東埔寨南面之海一片盡屬爛泥故名爛泥尾下接大橫山小橫山是以紆廻外繞而途遠也由暹羅而南斜仔六坤宋脚皆爲暹羅屬國大哖吉連丹丁噶呶彭亨諸國沿山相續俱由小

眞嶼向西分往水程均一百五六十更不等土產鉛錫翠毛佳文萊燕窩海參科藤氷片等類相同惟丁噶吺胡椒甲於諸番爲美番皆無來由族類不識義理裸體挾刃下圍幅幔檳榔夾剌嘛國米和水吞貿易難容多艘而柔佛一國山雖聯於彭亨其勢在下水程應到崑崙用未針取茶盤轉西至柔佛計厦門水程一百七十三更番情與上諸國相似而所產相同較之暹美而倍多年經商可容三四船就舟交易產沙金國以鑄花小金錢爲幣重四五分銀幣不行由柔佛而西麻喇甲亦係無來由族類官屬名曰惡耶國王彷暹羅用漢人理國事掌財賦產

金銀西洋布犀角象牙鉛錫胡椒降香蘇木燕窩翠毛佳文蓆等類。金錢銀幣皆互用。往西海洋中國洋。艘從未經歷。到此而止。厦門水程二百六十更。至於小西洋。烏鬼國。大西洋。雖與大塊相聯。西洋呷板來往。語具大小西洋記。麻喇甲。南隔海對峙。大山爲亞齊。係紅毛人分駐。凡紅毛呷板往小西洋等處埔頭貿易。必由亞齊經過。添備水米。自亞齊大山生繞過東南。爲萬古屢。盡處與噶喇吧隔洋對峙。紅毛回大西洋者。必從此洋出。然後向西南。過烏鬼呷。繞西至大西洋。就中國往噶喇吧而言。必從崑崙。茶盤。純用未針。西循萬古屢山。而至噶喇吧。厦門計水程二百八十更。原係無來由地方。爲紅毛荷蘭所據。分官屬名曰呷必丹。外統下港。萬丹。池問。三處。下港產胡椒。萬丹另埔頭。池問產胡椒檀香。而噶喇吧甲諸島番埔頭之盛。各處船隻聚集貿易。中國。大西洋。小西洋。白頭。烏鬼。無來由島番。璧珍寶物食無所不至。荷蘭建城池。分埔頭。中國人在彼經商耕種者甚多。年給丁票銀五六金。方許居住。中國人口浩盛。住此地何啻十餘萬。近荷蘭亦以新唐禁革。不許居住。令隨船而回。茶盤一島。居崑崙之南。毗於萬古屢山之東。皆南洋總路。水程分途處。島番捕海爲生。產佳文草。頂細而長者。年僅足二蓆之用。入王家辟虫蟻偵價四五十金。次者二三十金。再次十金。值一二金者。猶錦繡布褐之相去也。

小西洋記

小西洋居於丙午丁未方。從麻喇甲暹羅。繞西沿山而至於白頭番國。人即西域之狀。捲鬚環耳。衣西洋布。大領小袖。纏腰裹白頭。故以白頭呼之。國有二。東爲小白頭。西爲包社大白頭。二國北接三馬爾丹。即噶爾旦之本國也。而三馬爾丹之北鄰細密里也國。而細密里也之西爲俄羅斯國。小白頭東鄰民呀國。民呀人黑。穿着皆白。類似白頭。英機黎荷蘭佛蘭西聚此貿易。民呀之東接天竺佛國。民呀之東南遠及暹羅。民呀之南臨海。民呀之北接哪嗎西藏。及三馬爾丹國屬。而小白頭南入於海之地。曰戈什嗒。東西南三面皆臨大海。外懸一島曰西崙。中產大珠。戈什嗒東之沿海地名有三。曰網礁臘。係英機黎埔頭。曰房低者里。係佛蘭西埔頭。曰呢顏八達。係荷蘭埔頭。西之沿海地名有二。曰蘇喇。曰網買。皆英機黎埔頭。其地俱係紅毛置買所建也。○包社大白頭國。東鄰小白頭。北與小白頭皆聯三馬爾丹。西北枕裏海。西鄰東多爾其。西南鄰阿黎米也。南臨大海。

○多爾其分東西二國。皆回回。東多爾其國。不通海。東鄰太白頭。東北傍裏海。北接惹鹿惹也。西鄰西多爾其。南接阿黎米也。

○裏海者。諸國環而繞之。東北細密里也。西北俄羅斯。東三馬爾丹西惹鹿惹也西南東多爾其南包社大白頭内注大海不通海棹其水惟從包社出海故爲裏海○惹鹿惹也一國亦不通海東傍裏海西傍死海北聯俄羅斯南接東西多爾其女人姿色美而毛髮紅氣味臭衣着同白頭貢於包社○死海者即黑海源從地中北俄羅斯南西多爾其東惹鹿惹也西民咋呻四面環繞不通大海故爲死海而西多爾其民咋呻二國不通小西洋之海而濱於中海之東北中海係從大西洋之海而入語附大西洋記○阿黎米也東鄰包社大白頭北接東西多爾其西北濱於大西洋之中海西聯烏鬼國陸地一隅自西至西

南與烏鬼之地隔對一海南臨大洋國爲多爾其所屬貢男女於多爾其爲奴婢○烏鬼國東北山與阿黎米也相聯向西南生出坤申方大洋何啻四五國之遠其盡處曰呷即中國支山入海盡處曰表表者標也佛蘭西曰呷英機黎曰嗷皆順毛烏鬼地方是以紅毛呷板從小西洋來中國者由亞齊之北麻喇甲之南穿海過柔佛出茶盤而至崑崙自呷而東至戈什嗒自戈什嗒而東至亞齊其海皆呼曰小西洋人黑白不同皆西域裝束長衫大領小袖裹頭纏腰國富庶產寶器生銀洋布丁香肉果水安息吧喇沙末油蘇合油等類以金爲幣鑽石爲寶

大西洋記

按紅毛等國。居於西北辛戌乾方。而烏鬼自坤申而繞極西至庚西方。皆烏鬼族類之國。總而名之曰大西洋。按天圖分度。十二月日月方行到之度。正當烏鬼地方之呷處。乾艮坤三方。博厚相均。而於巽巳之地缺少。故外生東南斷續諸國。尚未適均。而又於噶喇吧。萬古屢之東南。另生一地。以補東南之缺。因人蹟不到。尚未立名。曾詢之佛蘭西人云。昔時伊國呷板。曾到彼處。地有土人。語言不通。執數人而去。後國王遣載之回。此所以地面正四方。於適均之處未均。而又補之也。是以西洋人誌四方洋名。以東南鈌處之海洋。爲小東洋。戈什嗒爲小西洋。日本爲大東洋。紅毛爲大西洋。○烏鬼國地方。其順毛烏鬼。北與小西洋阿黎米也之山相聯。沿海生向西南坤申方。而謊呷處。方繞向西北與閻年烏鬼王國爲界。又於呷之東而懸海大山係嗎里呀氏簡烏鬼一國。閻有舟楫通粵東。自閻年。又向西北。復繞出極西酉方。一帶皆閻年卷毛烏鬼地方。又自西復往西北。與蔴麻勿里烏鬼爲界。中有一國亦名烏鬼國王。西而皆沿海接聯北面一帶陸地。與聯蔴麻勿里。東與接聯阿黎米也之順毛烏鬼爲界。周圍皆屬烏鬼地方。種類繁多。肌骨皆黑。生相不一地方廣濶難以族舉沿海亦有逼舟揖貿易者各國以爭鬬攘掠爲事所掠人口活者俟紅毛經過售賣爲奴死者類牲畜剖塊晒乾爲食蔴麻勿里西臨大洋北鄰彌黎呂黎惹林二國南北相聯入口稀少山林深邃多產奇狀野獸彌黎呂黎惹林西臨大洋北一帶與猫喇猫里也毗聯猫喇猫里也乃回回族類多爲海賊在中海西海刦掠西臨大洋北一帶與紅毛隔中海對峙海從西入東自隔海之西北而東沿中海有葡萄牙是班呀佛蘭西那嗎民哖呷西多爾其而盡中海之東處阿黎米也由阿黎米也而向西直出至西洋皆猫喇猫里也中海沿邊

之地南北東諸國三面夾繞惟西通外海是爲中海海產珊瑚西洋人來中國者謂中海阿黎米也之地西聯烏鬼陸地處恨不能用刀截斷即於中海可通阿黎米也內海而出小西洋戈什嗒至亞齊出茶盤何用繞極西極西南極東南而至噶喇吧北上茶盤遠近相去年餘之遠也○葡萄牙者澳門之祖家也東北二面地鄰是班呀西臨大洋南俯中海○是班呀者呂宋之祖家也西北臨大洋東南俯中海西鄰葡萄牙東北接佛蘭西○佛蘭西者西臨大洋北接荷蘭南鄰是班呀東接那嗎東南俯中海由中海之東接聯那嗎○那嗎者天主國王處也北

接黃祁。東沿中海。而至民哖呻。由民哖呻沿東南中海。而至西多爾其。由西多爾其東沿中海。至阿黎米也。由阿黎米也向西沿中海之南。猫喇猫里也之地。而出西洋。○民哖呻者。天主之族類也。其地東至死海。西接那嗎。北鄰挽雅黃祁二國。南臨中海○荷蘭者。噶喇吧之祖家也。西鄰佛蘭西。沿佛蘭西而至西北。皆臨大海。西北隔海對峙英機黎。東鄰黃祁。南接那嗎。由荷蘭北海而至黃祁。○黃祁者。均係紅毛種類。素未通中國。近有舟楫來粵營生。南接那嗎民哖呻。東鄰普魯社。○普魯社係俄羅斯種類也。西北接荅因。東鄰細密里也。南接惹鹿惹也。沿海而至細客里也皆屬北海○咨因者西北海之國亦係紅毛種類素未通中國西南隔海與英機黎對峙○細客里也東鄰加里勿東南接噶爾旦三馬爾丹南至裏海西鄰俄羅斯北係北海○英機黎一國懸三島於咨因黃祁荷蘭佛蘭西四國之西北海自咨因沿海而東繞俄羅斯自俄羅斯而東至細客里也皆爲北海不能行舟海冰不解故爲冰海自咨因而南至烏鬼諸國皆爲大西洋紅毛者西北諸番之總名淨鬚髮披帶豬毛藏青毡卷笠短衣袖緊襪而皮履高後底畧與俄羅斯至京師者相似高準碧睛間有與中國人相似者身長而心細巧凡製

作皆堅緻巧思。精於火礮。究勘天文地理。俗無納妾。各國語言各別。以摘帽爲禮。而尊天主者惟干絲臘。是班牙。葡萄呀。黃祁爲寂而辟之者。惟英機黎。一國產生銀哆囉呢羽毛緞嗶吱玻璃等類。

崑崙 又呼崑屯

崑崙者非黃河所繞之崑崙也七州洋之南大小二山屹立澎湃呼爲大崑崙小崑崙山尤甚異上產佳果無人蹟神龍蟠踞昔荷蘭失臺灣邊海界禁未復因金廈二島平荷蘭掠普陀毀銅像銅鐘萬曆間宮塑脫紗佛像刀刃不能傷駕火礟壞之取裹所實金銀財寶見像必剖以取臟寶悉收而去至崑崙意欲居之龍與爲患藉火礟與龍鬬相持有日後荷蘭狀若顛狂自相戲以曲腕擊背心日益斃揚帆而去將至噶喇吧船擊碎存活者可十人雍正丁未歲夏噶喇吧海面立一中國婦人群相

棹舟往視惟浮一銅鐘上鐫普陀白華庵知爲昔荷蘭掠沉回浙洋艘互相爭載以藉神庇公議求叜余戚末黃姓彥者本船柁師得叜載回通港之艘惟此舟小而舊敝順帆不及月抵南澳後轉運至普陀別船堅緻有被刦紅毛者有失風水者佛力如此前惟付之刼數耳余少隨先君任浙聞之白華住持剖疑者常言小沙彌時在山被紅毛刦掠逃匿虛張情景今恍惚將三十年恨僧未之見也康熙四十五六年間紅毛又圖崑崙不敢近山居住就海傍立埔頭以崑崙介各洋四通之所嗜涎不休有中國洋艘載磚瓦往易紅毛洋貨以其本廉而利大夜圍

宿於沙洲人寂寂稀少。後審窺知爲鱷魚步岸所吞。伐木圍栅稍寧。夜聞山中語語促歸。紅毛爲水土不服斃者甚多。又爲廣南番刦殺殆盡。仍虚其地。凡中國洋艘由崑崙者。備鷄鵝毛黨壳等類。到崑崙洋天時極晴。霽見黑雲一點。隨化爲令烟蜿蜒摇尾。即如江浙夏月。湖中雲龍下逢。惟恐不及。狂風立至。幸不及時而霽。俗呼鼠尾龍風。白雲者其風尤甚。日遇二三次。或四五次。間或不遇者少。故以鷄毛黨壳焚穢氣以觸遠揚。過崑崙則無。

南澳氣

南澳氣居南澳之東南嶼小而平四面挂脚皆𥗍古石底生水草長丈餘灣有沙洲吸四面之流船不可到入溜則吸閣不能返隔南澳水程七更古爲落漈北浮沉皆沙垠約長二百里計水程三更餘盡北處有兩山名曰東獅象與臺灣沙馬崎對峙隔洋濶四更洋名沙馬崎頭門氣懸海中南續沙垠至粤海爲萬里長沙頭南隔斷一洋名曰長沙門又從南首復生沙垠至瓊海萬州曰萬里長沙沙之南又生𥗍古石至七州洋名曰千里石塘長沙一門西北與南澳西南與平海之大星鼎足三峙

長沙門。南北約濶五更。廣之番船洋艘。往東南洋呂宋文萊蘇祿等國者。皆從長沙門而出。北風以南澳爲準。南風以大星爲準。惟江浙閩省往東南洋者。從臺灣沙馬崎頭門過。而至呂宋諸國。西洋呷板。從崑崙七州洋。東萬里長沙外。過沙馬崎頭門。而至閩浙日本。以取弓弦直洋。中國往南洋者。以萬里長沙之外。渺茫無所取準。皆從沙內粵洋。而至七州洋。此亦山川地脉聯續之氣。而於汪洋之中。以限海國也。沙有海鳥。大小不同。少見人。遇舟飛宿。人捉不識懼。搏其背吐魚蝦以爲羹。余在臺丙午年。時有閩船在澎湖南大嶼。被風折桅。飄沙壞。有二十人駕一三板脚舟。用被作布帆回臺。餓斃五人。余詢以何處擊碎。彼僅以沙中爲言。不識地方。又云潮水溜入不得開出。余語之曰。此萬里長沙頭也。尚存舊時擊壞一呷板。潮雖溜入。汝等若以南風棹長潮。再不得歸矣。大洋之水爲沙所隔。節次斷續。南北沙頭。爲潮汐臨頭。四面合流。外長而內退。外退而內長。須沿沙節次撑上。斷續沙頭。夾退流。乘南風東向盡流南退。雖欲北上求生。而南下者。正所以生也。何也。南風夾退潮。方能出溜。雖溜下。然而歸於大海。不入內溜。方得乘南風而歸。群起而呼曰。曾到此地乎。不則何爲知之確且詳。有如目覩。壞呷板尚存。爲飛沙汕沒。饑抱海鳥爲餐。渴飲其血。駕長潮。爲溜所吸。不得開頭三四日。無柰禱筊。棹退潮。溜入大洋。飄十二日到臺。余又語之曰。呷板飄壞。聞之粵東。七八年矣。你之舟飄風於何處。計風信而度之。諒在斯矣。至於潮水分合。退爲長。長爲退。夾流雙開。臨頭瀰足。易知近隔。難識遠打。自有一定之理。在乎海國形勢於胸中。意會變通。有可到處。有不可到處。安能處處而指識。豈捺舟者。把死木之所爲哉。則如南澳氣。受四面流水。吸入而不出。古爲落漈。試問入而不出。歸於何處。豈氣下另有一海。以收納乎。四入者。從上而入。必從下而出。如溪流湧急。投以葦蒂。入而

出於他處此理甚明並以誌之

同安陳倫烱資齋氏圖識